AF329998

CAHIER DES CHARGES TYPE

POUR LA CONCESSION

d'une Distribution publique d'Énergie électrique

PAR L'ÉTAT

SUIVI

des Modifications au Cahier des charges type pour une Commune ou un Syndicat de Communes

(Décret du 20 Août 1908)

Prix : 0.50

PUBLICATIONS

DE L'INDUSTRIE ÉLECTRIQUE

9, RUE DE FLEURUS, 9

1909

CAHIER DES CHARGES TYPE

pour la concession d'une distribution publique d'énergie électrique par l'État [1]

Décret portant approbation du cahier des charges type pour la concession d'une distribution publique d'énergie électrique par l'État.

Le Président de la République française,

Sur le rapport du Ministre des travaux publics, des postes et des télégraphes,

Vu la loi du 15 juin 1906 sur les distributions d'énergie et notamment l'article 6 de cette loi ;

Le Conseil d'État entendu,

Décrète :

ARTICLE PREMIER. — Est approuvé le cahier des charges ci-annexé, dressé en exécution de l'article 6 de la loi du 15 juin 1906, pour la concession d'une distribution publique d'énergie électrique par l'État.

ART. 2. — Le Ministre des travaux publics, des postes et des télégraphes est chargé de l'exécution du présent décret.

Fait à Rambouillet, le 20 août 1908.

A. FALLIÈRES.

Le Ministre des travaux publics,
des postes et des télégraphes,
Louis BARTHOU.

---

[1] *N. B.* — Les mots ou phrases placés entre guillemets peuvent être maintenus ou rayés, au choix de l'autorité concédante.

CHAPITRE PREMIER

OBJET DE LA CONCESSION

Service concédé.

ARTICLE PREMIER. — La présente concession a pour objet la distribution publique de l'énergie électrique dans les communes d. . . . . (¹), département(s) d . . . . . . , pour . . . . (²).

La concession ne comprend pas la fourniture de l'énergie électrique pour force motrice aux entreprises de transport en commun « et aux établissements ou services ci-après énumérés : . ».

Ces entreprises « ou établissements » peuvent toutefois être desservis par le concessionnaire dans les conditions prévues à l'article 3 ci-après.

Droit d'utiliser les voies publiques.

ART. 2. — La concession confère au concessionnaire le droit d'établir et d'entretenir, dans le périmètre de sa concession, soit au-dessus, soit au-dessous des voies publiques et de leurs dépendances, tous ouvrages ou canalisations destinés à la distribution de l'énergie électrique, en se conformant aux conditions du présent cahier des charges, aux règlements de voirie et aux décrets ou arrêtés intervenus en exécution de la loi du 15 juin 1906.

Le concessionnaire ne pourra réclamer aucune indemnité pour le déplacement ou la modification des ouvrages établis par lui sur les voies publiques, lorsque ces changements seront requis par l'autorité compétente pour un motif de sécurité publique ou dans l'intérêt de la voirie.

(¹) Indiquer les communes ou parties de communes sur lesquelles porte la concession.

(²) Suivant que la concession comporte la distribution de l'énergie électrique en vue de l'éclairage seul, en vue de tous usages, ou de tous usages autres que l'éclairage, l'une des trois formules suivantes sera employée :

L'éclairage public ou privé;

Tous usages;

Tous usages autres que l'éclairage public ou privé.

Utilisation accessoire des ouvrages et canalisations.

ART. 3. — Le concessionnaire est autorisé à faire usage des ouvrages et canalisations établis en vertu de la présente concession pour desservir les entreprises de transport en commun, « les établissements ou services énumérés à l'article premier ci-dessus » et d'une manière générale toutes entreprises situées hors de la concession, à la condition expresse qu'il n'en résulte aucune entrave au bon fonctionnement de la distribution et que toutes les obligations du cahier des charges soient remplies.

CHAPITRE II

TRAVAUX

Approbation des projets.

ART. 4. — Les projets de tous les ouvrages dépendant de la concession devront être approuvés dans les formes prévues par la loi du 15 juin 1906 et par le décret du 3 avril 1908.

Ouvrages à établir pour la distribution.

ART. 5. — Le concessionnaire sera tenu d'établir à ses frais les canalisations, sous-stations, postes de transformateurs, etc., nécessaires à la distribution.

Le réseau sera alimenté au moyen de postes centraux qui feront partie intégrante de la concession et seront situés à l'intérieur de son périmètre.

Les ouvrages destinés à la production de l'énergie et à son transport jusqu'à chacun des postes centraux ne seront pas soumis aux dispositions du présent cahier des charges et devront être établis, s'il y a lieu, en vertu de permissions ou de concessions distinctes données en conformité de la loi du 15 juin 1906.

« Toutefois, le concessionnaire sera tenu de construire et de maintenir en bon état de service une (ou plusieurs) usine génératrice d'une puissance totale d'au moins . . . . kilowatts. Cette (ou ces) usine ainsi que les ouvrages la (ou les) reliant au réseau de distribution feront partie de la concession (¹) ».

(¹) L'État peut exiger que les usines dépendant de la concession soient en

Ouvrages et canalisations préexistants.

« L'État met à la disposition du concessionnaire, qui accepte, l'ensemble des immeubles, canalisations, ouvrages, matériel et appareils constituant les installations de la distribution préexistante, suivant inventaire annexé au présent cahier des charges.

« Cette mesure est consentie pour la durée de la concession, mais elle cesserait de plein droit d'avoir son effet en cas de rachat ou de déchéance.

« Le concessionnaire payera, pour l'usage des ouvrages de la distribution qui sont mis à sa disposition par l'État, une redevance annuelle de . . . . (¹). »

Délais d'exécution.

ART. 6. — Les projets des ouvrages et des lignes désignés sur le plan annexé au présent cahier des charges devront être présentés par le concessionnaire dans le délai de . . . . mois à partir de l'approbation définitive de la concession (²).

Les travaux seront commencés dans le délai de . . . . . à dater de l'approbation des projets et poursuivis sans interruption, de manière à être achevés dans le délai de. . . . .

Les autres lignes seront exécutées lorsqu'elles seront réclamées

état de produire toute l'énergie nécessaire à la distribution; dans ce cas, les deuxième, troisième et quatrième alinéas de l'article 5 doivent être supprimés et le premier alinéa complété par les mots suivants : « ainsi que les ouvrages destinés à la production de l'énergie et à son transport jusqu'au réseau. Tous ces ouvrages feront partie intégrante de la concession. »

(¹) Les trois derniers alinéas de l'article 5 ne sont applicables que si l'État dispose, au moment de l'institution de la concession, d'un réseau de distribution déjà existant.

Dans ce cas, l'État peut mettre ce réseau à la disposition du concessionnaire à des conditions déterminées d'un commun accord. La redevance, s'il en est imposé une, peut être soit fixe, soit proportionnelle aux recettes brutes ou aux bénéfices réalisés par le concessionnaire.

(²) Au lieu de déterminer les lignes constituant le réseau à établir immédiatement, l'État peut imposer l'établissement d'une longueur donnée de canalisations principales, et, dans ce cas, le premier alinéa de l'article 6 doit être rédigé de la manière suivante :

« Le concessionnaire sera tenu d'établir au moins..... m de canalisations. Il devra en présenter le projet dans le délai de..... mois à partir de l'approbation définitive de la concession. »

dans les conditions prévues à l'article 14 ci-après ; elles pourront l'être plus tôt, si le concessionnaire le juge utile.

Propriété des installations.

Art. 7. — Le concessionnaire sera tenu d'acquérir les machines et l'outillage nécessaires à l'exploitation (¹).

Il pourra, à son choix, soit acquérir les terrains et établir à ses frais les constructions affectées au service de la distribution, soit les prendre en location.

« Toutefois, il sera tenu d'acquérir en toute propriété et de construire les. . . . . . (²).

« Pour l'établissement des ouvrages, l'État s'engage à mettre à la disposition du concessionnaire moyennant . . . (³). »

Les baux ou contrats relatifs à toutes les locations d'immeubles seront communiqués au préfet ; ils devront comporter une clause réservant expressément à l'État la faculté de se substituer au concessionnaire en cas de rachat ou de déchéance. Il en sera de même pour tous les contrats de fourniture d'énergie, si le concessionnaire achète le courant.

Nature et mode de production du courant (⁴).

Art. 8. — . . . .

Usines génératrices (⁴).

. . . .

Sous-stations et postes de transformateurs (⁴).

. . . .

(¹) Quand le concessionnaire est autorisé à ne pas produire lui-même l'énergie, le mot « l'exploitation » doit être remplacé par les mots « la distribution de l'énergie ».

(²) L'État peut imposer au concessionnaire l'acquisition en toute propriété des immeubles destinés à l'établissement des usines de production et des sous-stations où le courant alternatif est transformé en courant continu.

(³) L'État peut autoriser, par le cahier des charges, le concessio naire à occuper, dans des conditions déterminées, les parties du domaine public dont il a la disposition.

(⁴) Indiquer la nature du courant distribué, le mode de production de ce courant, et, s'il y a lieu, la nature du courant primaire.

Lorsque l'acte de concession prévoit la construction d'usines génératrices

Tension de distribution.

Art. 9. — La tension du courant distribué aux abonnés est fixée à . . . . volts. La tolérance maximum pour la variation de la tension est de , . . . pour 100 en plus ou en moins pour l'éclairage, et de . . . pour 100 en plus ou en moins pour tous autres usages (¹).

Fréquence (²).

« La fréquence du courant distribué est fixée à . . . . périodes par seconde; elle ne doit pas varier de plus de . . . pour 100 en plus ou en moins de sa valeur normale. »

Canalisations.

Art. 10. — Les canalisations souterraines seront placées directement dans le sol; « toutefois, elles pourront, sur la demande du concessionnaire, être placées dans des galeries accessibles et elles devront l'être lorsque les services de voirie l'exigeront. Sauf aux traversées des chaussées, elles seront toujours sous les trottoirs, à moins d'une autorisation spéciale ».

A la traversée des chaussées fondées sur béton et des voies de tramways, les dispositions nécessaires seront prises pour que le remplacement des canalisations soit possible sans ouverture de tranchée.

« Les canalisations aériennes . . . . (³) ».

faisant partie intégrante de la concession, l'article 8 détermine les conditions d'établissem nt de ces usines.

L'article 8 détermine également, s'il y a lieu, les conditions d'établissement de sous-stations et postes de transformateurs.

(¹) La tension peut être différente suivant l'usage qui est fait de l'énergie ou suivant les communes ou parti s de communes où elle est utilisée.

Les tensions habituelles de distribution en vue de l'éclairage sont, suivant le cas : pour le courant continu, 110 et 120 volts; pour le courant alternatif, 110, 190 et 220 volts.

La tolérance admise habituellement pour l'éclairage ne dépasse pas 5 pour 100 en plus ou en moins.

(²) Cet alinéa ne s'applique qu'en cas de distribution par courants alternatifs.

La fréquence habituelle est de 25 ou 50 périodes par seconde.

La tolérance admise habituellement ne dépasse pas 5 pour 100.

(³) L'État peut interdire les canalisations aériennes; lorsqu'elles sont auto-

Branchements particuliers (¹).

. . . . , . .

CHAPITRE III

TARIFS ET CONDITIONS DU SERVICE

Tarif maximum.

Art. 11. — Les prix auxquels le concessionnaire est autorisé à vendre l'énergie électrique ne peuvent dépasser les maxima suivants (²) :

Vente au compteur.

Pour l'éclairage, le kilowatt-heure . . . .
Pour tous autres usages, le kilowatt-heure. . . . . , .

. . . .

Vente à forfait.

« Pour l'éclairage, le kilowatt-an. . . . .
« Pour tous autres usages, le kilowatt-an . . . . ».

Abaissements de tarifs.

Si le concessionnaire abaisse pour certains abonnés les prix de vente de l'énergie pour l'éclairage électrique, avec ou sans

risées, il convient d'indiquer si les canalisations peuvent être aériennes dans toute l'étendue de la concession, ou sinon dans quelles parties elles ne peuvent pas l'être.

L'État peut, en autorisant les canalisations aériennes, déterminer les conditions auxquelles sera soumis leur établissement.

(¹) L'article 10 détermine, s'il y a lieu, les conditions auxquelles doivent satisfaire les branchements particuliers.

(²) Le cahier des charges peut fixer des maxima différents suivant les conditions de puissance, d'horaire, d'utilisation et de consommation; il peut stipuler notamment des réductions pour les abonnés dépassant ou garantissant un minimum déterminé de consommation, pour les abonnés utilisant le courant à des heures ou pendant des saisons déterminées, et, d'une manière générale, pour les abonnés acceptant des sujétions spéciales.

Pour la vente à forfait, la période d'un an peut être remplacée par une période d'une durée différente.

Les tarifs et les conditions du service peuvent être différents suivant les communes desservies.

conditions, au-dessous des limites fixées par le tarif maximum prévu ci-dessus, il sera tenu de faire bénéficier des mêmes réductions tous les abonnés placés dans les mêmes conditions de puissance, d'horaire, d'utilisation, de consommation, de durée d'abonnement et de tarif maximum.

A cet effet, il devra établir et tenir constamment à jour un relevé de tous les abaissements consentis, avec mention des conditions auxquelles ils sont subordonnés. Un exemplaire de ce relevé sera déposé dans chacun des bureaux où peuvent être contractés des abonnements, et tenu constamment à la disposition du public et des agents du contrôle.

Tarifs applicables aux services publics.

Art. 12. — Les services publics de l'État, des départements et des communes bénéficieront d'une réduction de. . . pour 100 sur le tarif maximum prévu à l'article ci-dessus (¹).

Les établissements publics et les associations agricoles organisées par l'administration, en vertu des lois du 16 septembre 1807, du 14 floréal an XI et du 8 avril 1898 ou autorisées en conformité des lois des 21 juin 1865, 22 décembre 1888, bénéficieront d'une réduction de . . . pour 100.

Obligation de consentir des abonnements sur tout
le parcours de la distribution.

Art. 13. — Sur tout le parcours de la distribution, le concessionnaire sera tenu, dans le délai d'un mois à partir de la demande qui lui en aura été faite, de fournir l'énergie électrique dans les conditions prévues au présent cahier des charges à toute personne qui demandera à contracter un abonnement pour une durée d'au moins. . . . Lorsque la puissance demandée excédera . . . kilowatts, le concessionnaire pourra exiger que le demandeur lui garantisse pendant . . . années une recette brute annuelle de . . . fr par kilowatt demandé.

Si le service du nouvel abonné exige des travaux complémen-

(¹) La réduction sur le tarif maximum stipulée au profit des services publics de l'État, des départements et des communes ne peut être inférieure à 20 pour 100.

taires sur le réseau, le délai d'un mois prévu pour la fourniture du courant sera prolongé du temps nécessaire à l'exécution de ces travaux.

« En aucun cas, le concessionnaire ne pourra être astreint à dépasser la puissance maximum de . . . kilowatts pour l'ensemble de la distribution.

« Si les demandes viennent à dépasser la puissance disponible, elles seront desservies dans l'ordre de leur inscription sur un registre spécial tenu à cet effet ».

Obligation d'étendre le réseau.

ART. 14. — Le concessionnaire sera tenu d'installer toute ligne pour laquelle un ou plusieurs des propriétaires des immeubles à desservir lui garantiront, pendant cinq ans, une recette brute annuelle de . . . francs par mètre courant de canalisation aérienne ou une recette brute annuelle de . . . francs par mètre courant de canalisation souterraine, la longueur à établir étant comptée à partir du réseau déjà existant, sans y comprendre la longueur des branchements qui desserviront chaque immeuble.

Les projets de la ligne réclamée devront être présentés par le concessionnaire dans le délai d'un mois à partir de la demande qui lui en aura été faite. La ligne devra être achevée et mise en service dans le délai de . . . mois[1] à dater de l'approbation des projets si sa longueur est inférieure à . . . mètres, et dans le délai de . . . mois, si sa longueur est supérieure.

« Le concessionnaire sera dispensé de l'obligation d'étendre le réseau si les demandes d'abonnement dépassent la puissance disponible sur le maximum prévu à l'article 13 ci-dessus[2]. »

Branchements et colonnes montantes.

ART. 15. — Les branchements sur les canalisations établies sur ou sous les voies publiques, ayant pour objet d'amener le courant du réseau à l'intérieur des immeubles desservis jusques et y compris soit la boîte du coupe-circuit principal, soit le poste

---

[1] En aucun cas, le délai ne peut excéder six mois.
[2] A insérer seulement lorsque la puissance à fournir par le concessionnaire est limitée par le cahier des charges.

dé transformateur, seront installés et entretenus par le concessionnaire et feront partie intégrante de la distribution. Les frais d'installation des branchements seront remboursés au concessionnaire par les propriétaires ou abonnés, conformément au tarif ci-après :

. . . .

« Les propriétaires ou abonnés qui garantiront une consommation d'au moins . . . kilowatts-heure par an pendant . . . années seront dispensés du remboursement des frais d'installation des branchements, à condition d'y substituer le payement d'un loyer mensuel, conformément au tarif ci-après :

« . . . .

« Lorsque le loyer aura été payé pendant la période mentionnée ci-dessus, les frais d'installation du branchement seront considérés comme amortis et les abonnés desservis au moyen de ce branchement en jouiront gratuitement.

« Les frais d'installation des branchements resteront entièrement à la charge du concessionnaire, si les propriétaires ou abonnés garantissent une consommation d'au moins . . . kilowatts-heure par an, pendant . . . années. »

Les branchements intérieurs, les colonnes montantes et toutes dérivations seront établis et entretenus par les soins et aux frais des propriétaires des immeubles.

« Toutefois, si les propriétaires le requièrent, le concessionnaire sera tenu d'exécuter et d'entretenir lui-même ces installations moyennant une rémunération calculée conformément au tarif ci-après :

« . . . .

« Les tarifs prévus au présent article seront revisables à toute époque par un accord entre l'autorité concédante et le concessionnaire. »

Compteurs.

Art. 16. — Les compteurs servant à mesurer les quantiéts d'énergie livrées aux abonnés par le concessionnaire seront d'un des types approuvés par le Ministre des travaux publics, après avis du Comité d'électricité institué conformément à la loi du 15 juin 1906. Pour chaque type, le Ministre déterminera la valeur des écarts dans la limite desquels les compteurs seront considérés comme exacts.

Les compteurs seront posés, plombés et entretenus par le concessionnaire.

L'abonné aura la faculté de les fournir lui-même ou de demander au concessionnaire de les fournir en location (¹).

Si le compteur appartient à l'abonné, le concessionnaire percevra, à titre de frais de pose, une somme de . . . et, à titre de frais d'entretien, une somme mensuelle de . . . .

Si le compteur est fourni par le concessionnaire, celui-ci percevra, à titre de frais de pose, une somme de . . . et, à titre de frais de location et d'entretien, une somme mensuelle de. . .(²).

Vérification des compteurs.

Art. 17. — Le concessionnaire pourra procéder à la vérification des compteurs aussi souvent qu'il le jugera utile, sans que cette vérification donne lieu à son profit à aucune allocation en sus des frais d'entretien mentionnés à l'article précédent.

L'abonné aura toujours le droit de demander la vérification du compteur, soit par le concessionnaire, soit par un expert désigné d'un commun accord ou, à défaut d'accord, désigné par l'ingénieur en chef du contrôle des distributions d'énergie électrique. Les frais de la vérification seront à la charge de l'abonné, si le compteur est reconnu exact ou si le défaut d'exactitude est à son profit; ils seront à la charge du concessionnaire si le défaut d'exactitude est au détriment de l'abonné.

Police d'abonnement.

Art. 18. — Les contrats pour la fourniture de l'énergie électrique seront établis sous la forme de polices d'abonnement, conformes aux modèles arrêtés d'accord entre le représentant de

---

(¹) L'État peut spécifier que la fourniture du compteur sera toujours faite par le concessionnaire. Dans ce cas, les quatre derniers alinéas de l'article 16 seront remplacés par un paragraphe unique ainsi conçu : « Les compteurs seront fournis, posés, plombés et entretenus par le concessionnaire, qui percevra, à titre de rémunération pour ce service, une somme mensuelle de.... »

(²) Les redevances pour pose, entretien ou location du compteur peuvent être variables suivant sa puissance et sa nature.

l'autorité concédante désigné par le Ministre et le concessionnaire. Il ne pourra être dérogé aux dispositions contenues dans ces modèles que par une convention spéciale entre le concessionnaire et l'abonné, soumise aux conditions stipulées dans les deux derniers alinéas de l'article 11 ci-dessus.

« Dans le cas où il y aurait lieu, au cours de la concession, d'apporter des modifications aux modèles de police, à défaut d'accord entre le représentant de l'autorité concédante désigné comme il est dit ci-dessus et le concessionnaire, il serait statué par le Ministre des travaux publics après avis du Comité d'électricité. »

Avance sur consommation.

« L'abonné sera tenu, sur la demande du concessionnaire, de lui verser, à titre d'avance sur consommation, une somme qui ne pourra être supérieure à . . . . par hectowatt de puissance du compteur.

« Cette avance ne sera pas productive d'intérêt et sera remboursable à l'expiration de l'abonnement. »

Surveillance des installations intérieures.

Art. 19. — Le courant ne sera livré aux abonnés que s'ils se conforment, pour leurs installations intérieures, aux mesures qui leur seront imposées par le concessionnaire, avec l'approbation de l'ingénieur en chef du contrôle, en vue soit d'empêcher les troubles dans l'exploitation, notamment les défauts d'isolement et la mise en marche ou l'arrêt brusque des moteurs électriques, soit d'empêcher l'usage illicite du courant, soit d'éviter une déperdition exagérée d'énergie dans les branchements et colonnes montantes avant les compteurs.

Le concessionnaire sera autorisé, à cet effet, à vérifier, à toute époque, l'installation intérieure de chaque abonné.

Si l'installation est reconnue défectueuse, le concessionnaire pourra se refuser à continuer la fourniture du courant. En cas de désaccord sur les mesures à prendre en vue de faire disparaître toute cause de danger ou de trouble dans le fonctionnement général de la distribution, il sera statué par l'ingénieur en chef du contrôle, sauf recours au Ministre des Travaux publics, qui décidera après avis du Comité d'Électricité,

En aucun cas, le concessionnaire n'encourra de responsabilités à raison des défectuosités des installations qui ne seront pas de son fait.

Conditions particulières du service.

Art. 20 (¹) — . . . .
. . . .

CHAPITRE IV

DURÉE DE LA CONCESSION, RACHAT ET DÉCHÉANCE

Durée de la concession.

Art. 21. — La durée de la présente concession est fixée à . . . . . . années (²); elle commencera à courir de la date de son approbation définitive (³).

Reprise des installations en fin de concession.

Art. 22. — A l'époque fixée pour l'expiration de la concession, l'État aura, moyennant un préavis de deux ans, la faculté de se subroger aux droits du concessionnaire et de prendre possession de tous les immeubles et ouvrages de la distribution et de ses dépendances.

Si l'État use de cette faculté, les usines, sous-stations et postes transformateurs, le matériel électrique et mécanique ainsi que les canalisations et branchements faisant partie de la concession lui seront remis gratuitement, et il ne sera attribué d'indemnité

(¹) L'article 20 indique si l'énergie doit être à la disposition des abonnés en permanence, ou si le service peut être normalement suspendu à des heures déterminées, qui peuvent être variables suivant les saisons.

Il peut contenir, en outre, des conditions spéciales qui seraient stipulées pour la fourniture de l'énergie à certaines catégories d'abonnés.

(²) La durée ne peut être supérieure à quarante ans.

(³) Lorsque la concession a pour objet l'extension d'une concession déjà existante, elle doit prendre fin à la même date que la concession principale, et l'article 21 détermine la date d'expiration pour l'ensemble du réseau.

au concessionnaire que pour la portion du coût de ces installations qui sera considérée comme n'étant pas amortie. Cette indemnité sera égale aux dépenses dûment justifiées, supportées par le concessionnaire pour l'établissement de ceux des ouvrages ci-dessus énumérés subsistant en fin de concession qui auront été régulièrement exécutés pendant les n dernières années de la concession, sauf déduction pour chaque ouvrage de $1/n$ de sa valeur pour chaque année écoulée depuis son achèvement. L'indemnité sera payée au concessionnaire dans les six mois qui suivront l'expiration de la concession.

En ce qui concerne le mobilier et les approvisionnements, l'État se réserve le droit de les reprendre en totalité ou pour telle partie qu'il jugera convenable, mais sans pouvoir y être contraint. La valeur des objets repris sera fixée à l'amiable ou à dire d'experts, et payée au concessionnaire dans les six mois qui suivront leur remise à l'État.

Si l'État ne prend pas possession de la distribution, le concessionnaire sera tenu d'enlever à ses frais et sans indemnité toutes celles de ses installations qui se trouvent sur ou sous les voies publiques; il pourra toutefois abandonner sans indemnité les canalisations souterraines, à condition qu'elles n'apportent aucune gêne aux services publics.

Dans tous les cas, l'État aura la faculté, sans qu'il en résulte un droit à indemnité pour le concessionnaire, de prendre pendant les six derniers mois de la concession toutes mesures utiles pour assurer la continuité de la distribution de l'énergie en fin de concession, en réduisant au minimum la gêne qui en résultera pour le concessionnaire. Il pourra notamment, si les sous-stations et postes de transformateurs n'appartiennent pas en propre au concessionnaire ou si celui-ci ne produit pas le courant dans des usines faisant partie de la concession, desservir directement les abonnés par des sous-stations ou postes de transformateurs nouveaux, en percevant à son profit le prix de vente de l'énergie, et d'une manière générale prendre toutes les mesures nécessaires pour effectuer le passage progressif de la concession ancienne à une concession ou à une entreprise nouvelle.

Rachat de la concession.

Art. 23. — A toute époque, l'État aura le droit de racheter la concession entière, moyennant un préavis de deux ans.

En cas de rachat, le concessionnaire recevra pour toute indemnité :

1º Pendant chacune des années restant à courir jusqu'à l'expiration de la concession, une annuité égale au produit net moyen des sept années d'exploitation précédant celle où le rachat sera effectué, déduction faite des deux plus mauvaises.

Le produit net de chaque année sera calculé en retranchant des recettes toutes les dépenses, dûment justifiées, faites pour l'exploitation de la distribution, y compris l'entretien et le renouvellement des ouvrages et du matériel, mais non compris les charges du capital ni l'amortissement des dépenses de premier établissement.

Dans aucun cas, le montant de l'annuité ne sera inférieur au produit net de la dernière des sept années prises pour terme de comparaison.

2º Une somme égale aux dépenses dûment justifiées, supportées par le concessionnaire pour l'établissement de ceux des ouvrages de la concession subsistant au moment du rachat, qui auront été régulièrement exécutés pendant les n années précédant le rachat, sauf déduction pour chaque ouvrage de $1/n$ de sa valeur pour chaque année écoulée depuis son achèvement.

L'État sera, en outre, tenu de se substituer au concessionnaire pour l'exécution des engagements pris par lui en vue d'assurer la marche normale de l'exploitation, et de reprendre les approvisionnements en magasin ou en cours de transport ainsi que le mobilier de la distribution; la valeur des objets repris sera fixée à l'amiable ou à dire d'experts et sera payée au concessionnaire dans les six mois qui suivront leur remise à l'État.

Si le rachat a lieu avant l'expiration des vingt premières années de la concession, le concessionnaire pourra demander que l'indemnité, au lieu d'être calculée comme il est dit ci-dessus, soit egale aux dépenses réelles de premier établissement, y compris les frais de constitution de la Société dans la limite d'un maximum de . . . . . francs et les insuffisances qui se seraient produites depuis l'origine de la concession, si celle-ci remonte à moins de sept ans, et pendant les sept premières années de sa durée, si elle remonte à plus de sept ans. Ces insuffisances seront calculées pour chaque année en prenant la différence entre la recette brute et les charges énumérées ci-après : 1° frais d'exploitation ; 2° intérêt et amortissement des emprunts contractés pour l'établissement de la distribution ; 3° intérêt à 5 pour 100 des sommes fournies par le concessionnaire au moyen de ses propres ressources ou de son capital-actions.

Remise des ouvrages.

Art. 24. — En cas de rachat ou en cas de reprise à l'expiration de la concession, le concessionnaire sera tenu de remettre à l'État tous les ouvrages et le matériel de la distribution en bon état d'entretien.

L'État pourra retenir, s'il y a lieu, sur les indemnités dues au concessionnaire, les sommes nécessaires pour mettre en bon état toutes les installations.

Lorsque l'État usera de la faculté, à lui réservée, de reprendre les installations en fin de concession, il pourra se faire remettre les revenus de la distribution dans les deux dernières années qui précéderont le terme de la concession et les employer à rétablir en bon état les installations, si le concessionnaire ne se met pas en mesure de satisfaire pleinement et entièrement à cette obligation, et si le montant de l'indemnité à prévoir en raison de la reprise de la distribution par l'État, joint au cautionnement, n'est pas jugé suffisant pour couvrir les dépenses des travaux reconnus nécessaires.

Déchéance et mise en régie provisoire.

Art. 25. — Si le concessionnaire n'a pas présenté les projets d'exécution, ou s'il n'a pas achevé et mis en service les lignes de distribution dans les délais et conditions fixés par le cahier des charges, il encourra la déchéance, qui sera prononcée, après mise en demeure, par décret, sauf recours au Conseil d'État par la voie contentieuse.

Si la sécurité publique vient à être compromise, le préfet,

après avis de l'ingénieur en chef du contrôle, prendra aux frais et risques du concessionnaire les mesures provisoires nécessaires pour prévenir tout danger. Il soumettra au Ministre des Travaux publics les mesures qu'il aura prises à cet effet. Le Ministre prescrira, s'il y a lieu, les modifications à apporter à ces mesures et adressera au concessionnaire une mise en demeure fixant le délai à lui imparti pour assurer à l'avenir la sécurité de l'exploitation.

Si l'exploitation vient à être interrompue en partie ou en totalité, il y sera également pourvu aux frais et risques du concessionnaire. Le préfet soumettra immédiatement au Ministre des Travaux publics les mesures qu'il compte prendre pour assurer provisoirement le service de la distribution. Le Ministre statuera sur ces propositions et adressera une mise en demeure fixant un délai au concessionnaire pour reprendre le service.

Si, à l'expiration du délai imparti, dans les cas prévus aux deux alinéas qui précèdent, il n'a pas été satisfait à la mise en demeure, la déchéance pourra être prononcée.

La déchéance pourra également être prononcée si le concessionnaire, après mise en demeure, ne reconstitue pas le cautionnement prévu à l'article 51 ci-après, dans le cas où des prélèvements auraient été effectués sur ce cautionnement en conformité des dispositions du cahier des charges.

La déchéance ne serait pas encourue dans le cas où le concessionnaire n'aurait pu remplir ses obligations par suite de circonstances de force majeure dûment constatées.

Procédure en cas de déchéance.

Art. 26. — Dans le cas de déchéance, il sera pourvu tant à la continuation et à l'achèvement des travaux qu'à l'exécution des autres engagements du concessionnaire au moyen d'une adjudication qui sera ouverte sur une mise à prix des projets, des terrains acquis, des ouvrages exécutés, du matériel et des approvisionnements.

Cette mise à prix sera fixée par le Ministre des Travaux publics sur la proposition du préfet, après avis du Conseil municipal, le concessionnaire entendu.

Nul ne sera admis à concourir à l'adjudication s'il n'a, au préalable, été agréé par le Ministre des Travaux publics, et s'il n'a fait, soit à la Caisse des Dépôts et Consignations, soit à la Trésorerie générale du département, un dépôt de garantie égal au montant du cautionnement prévu par le présent cahier des charges.

L'adjudication aura lieu suivant les formes indiquées aux articles 11, 12, 13, 15 et 16 de l'ordonnance royale du 10 mai 1829.

L'adjudicataire sera tenu aux clauses du présent cahier des charges et substitué aux droits et charges du concessionnaire évincé, qui recevra le prix de l'adjudication.

Si l'adjudication ouverte n'amène aucun résultat, une seconde adjudication sera tentée sans mise à prix après un délai de trois mois. Si cette seconde tentative reste également sans résultat, le concessionnaire sera définitivement déchu de tous droits; les ouvrages et le matériel de la distribution ainsi que les approvisionnements deviendront sans indemnité la propriété de l'État.

CHAPITRE V

Redevances.

Art. 27. — Les redevances pour l'occupation du domaine public national et départemental sont fixées conformément aux articles 1 et 2 du décret du 17 octobre 1907.

Il en est de même des redevances pour l'occupation du domaine public communal, à moins que des accords spéciaux ne soient intervenus entre certaines communes et le concessionnaire, conformément à l'article 3 dudit décret.

États statistiques et contrôle des recettes

Art. 28. — Le concessionnaire sera tenu de remettre chaque année à l'ingénieur en chef du contrôle un compte rendu statistique de son exploitation.

Ce compte rendu sera établi conformément au modèle arrêté

par le Ministre des Travaux publics après avis du Comité d'Électricité et pourra être publié en tout ou en partie.

Pour les communes avec lesquelles des accords auront été passés conformément à l'article 27 ci-dessus, le concessionnaire devra, en outre, adresser à l'ingénieur en chef du contrôle, dans le courant du premier trimestre de chaque année, l'état des recettes réalisées pendant l'année précédente.

L'ingénieur en chef aura le droit de contrôler ces états ; à cet effet, les agents du contrôle dûment accrédités pourront se faire présenter toutes pièces de comptabilité nécessaires pour leur vérification.

Impôts et droits d'octroi.

ART. 29. — Tous les impôts établis ou à établir par l'État, les départements ou les communes, y compris les impôts relatifs aux immeubles de la distribution, seront à la charge du concessionnaire.

Pénalités.

ART. 30. — Faute par le concessionnaire de remplir les obligations qui lui sont imposées par le présent cahier des charges, des amendes pourront lui être infligées, sans préjudice, s'il y a lieu, de dommages et intérêts envers les tiers intéressés. Les amendes seront prononcées au profit de l'État par le préfet, après avis de l'ingénieur en chef du contrôle.

Les amendes seront appliquées dans les conditions suivantes :

En cas d'interruption générale non justifiée du courant, amende de . . . . . par heure d'interruption ;

En cas de manquement aux obligations imposées par les articles 6, 9, 13, 14 et 28 du présent cahier des charges, et par chaque infraction, amende de . . . . . par jour, jusqu'à ce que l'infraction ait cessé (¹).

Cautionnement.

ART. 31. — Avant la signature de l'acte de concession, le concessionnaire déposera, soit à la Caisse des Dépôts et Consignations,

---

(¹) Les amendes prévues peuvent n'être pas les mêmes pour les infractions aux divers articles mentionnés dans ce paragraphe.

soit à la Trésorerie générale du département, une somme de . . . . . en numéraire ou en rentes sur l'État, en obligations garanties par l'État ou en bons du Trésor, dans les conditions prévues par les lois et règlements pour les cautionnements en matière de travaux publics.

La somme ainsi versée formera le cautionnement de l'entreprise.

Sur le cautionnement seront prélevés le montant des amendes stipulées à l'article 50, ainsi que les dépenses faites en raison des mesures prises aux frais du concessionnaire pour assurer la sécurité publique ou la reprise de l'exploitation en cas de suspension, conformément aux prescriptions du présent cahier des charges.

Toutes les fois qu'une somme quelconque aura été prélevée sur le cautionnement, le concessionnaire devra le compléter à nouveau dans un délai de quinze jours, à dater de la mise en demeure qui lui sera adressée à cet effet.

La moitié du cautionnement sera restituée au concessionnaire après achèvement du réseau principal de distribution prévu à l'article 6 ci-dessus; l'autre moitié lui sera restituée en fin de concession. Toutefois, en cas de déchéance, la partie non restituée du cautionnement restera définitivement acquise à l'État.

Agents du concessionnaire.

ART. 32. — Les agents et gardes que le concessionnaire aura fait assermenter pour la surveillance et la police de la distribution et de ses dépendances seront porteurs d'un signe distinctif et seront munis d'un titre constatant leurs fonctions.

Cession ou modification de la concession.

ART. 33. — Toute cession partielle ou totale de la concession, tout changement de concessionnaire ne pourront avoir lieu, à peine de déchéance, qu'en vertu d'une autorisation donnée par le préfet ou par le Ministre des Travaux publics, suivant les distinctions établies par l'article 7 de la loi du 15 juin 1906, paragraphe 1er.

Jugement des contestations.

ART. 34. — Les contestations qui s'élèveraient entre le conces-

sionnaire et l'administration, au sujet de l'exécution et de l'inter-
prétation des clauses du présent cahier des charges, seront
jugées par le Conseil de préfecture du département d . . . . . .,
sauf recours au Conseil d'État.

Élection de domicile.

ART. 55. — Le concessionnaire devra faire élection de domi-
cile à . . . . . .

Dans le cas où il ne l'aurait pas fait, toute notification ou signi-
fication à lui adressée sera valable lorsqu'elle sera faite à la préfecture de . . . . . .

Frais d'enregistrement.

ART. 56. — Les frais de timbre et d'enregistrement du présent
cahier des charges et des conventions annexées seront supportés
par le concessionnaire.

(*Journal officiel* du 25 août 1908).

CAHIER DES CHARGES TYPE

pour la concession d'une distribution publique d'énergie électrique par une *Commune* ou un *Syndicat de Communes* (¹).

Le Président de la République française,

Sur le rapport du Ministre des travaux publics, des postes et des télégraphes,

Vu la loi du 15 juin 1906 sur les distributions d'énergie et notamment l'article 6 de cette loi ;

Décrète :

ARTICLE PREMIER. — Est approuvé le cahier des charges ci-annexé dressé en exécution de l'article 6 de la loi du 15 juin 1906, pour la concession d'une distribution publique d'énergie électrique par une commune ou un syndicat de communes.

ART. 2. — Le Ministre des travaux publics, des postes et des télégraphes est chargé de l'exécution du présent décret.

Fait à Rambouillet, le 17 mai 1908.

A. FALLIÈRES.

Par le Président de la République :

Le Ministre des travaux publics,
des postes et des télégraphes,
LOUIS BARTHOU.

(¹). *N. B.* — Le présent texte est rédigé en vue d'une concession accordée par une **commune.** Quand la concession est accordée par un syndicat de communes, il y a lieu de remplacer **commune** par **syndicat de communes,** **conseil municipal** par **comité du syndicat,** et **maire** par **président du syndicat.**

Les mots ou phrases placés entre guillemets peuvent être maintenus ou rayés, au choix de l'autorité concédante.

Le cahier des charges pour la concession d'une distribution publique d'énergie électrique par une **commune** ou un **syndicat de communes** est le même que celui relatif à la concession par l'État, sauf que l'on doit remplacer le mot État par **commune** ou **syndicat de communes**.

Ainsi :

Chapitre II, page 3 (bas de la page),

au lieu de :

(1) L'**État** peut exiger....

mettre :

(1) La **Commune** peut exiger....

Page 4, première ligne (art. 5),

au lieu de :

L'État met à la disposition du concessionnaire....

mettre :

La Commune donne en location au concessionnaire....

Même page, en note, au lieu :

(1) Dans ce cas, l'État peut mettre ce réseau à la disposition du concessionnaire....

mettre :

(1) Dans ce cas, la Commune peut louer le réseau au concessionnaire....

Art. 7, page 5, *au lieu de :*

Pour l'établissement des ouvrages, l'État s'engage....

mettre :

Pour l'établissement des ouvrages, la Commune s'engage, etc.

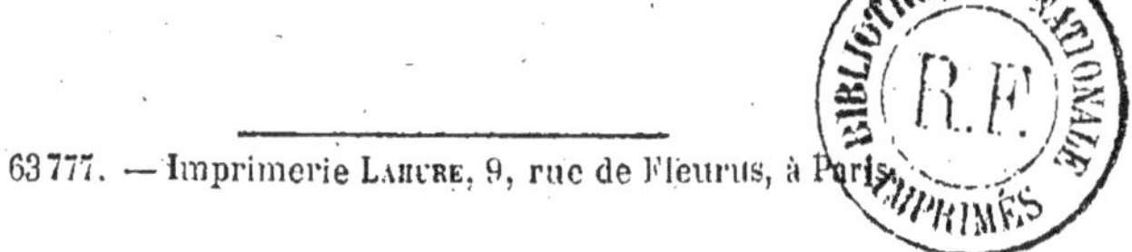

63777. — Imprimerie Lahure, 9, rue de Fleurus, à Paris.